Martin Buber

ALLES WIRKLICHE LEBEN IST BEGEGNUNG

Martin Buber
Alles wirkliche Leben ist Begegnung

Hg. von Stefan Liesenfeld

VERLAG NEUE STADT
MÜNCHEN · ZÜRICH · WIEN

Aus der Reihe »Hundert Worte«

»Mehr Bäume, weniger CO_2« – weil jeder Beitrag zählt.

MIX
Papier
FSC FSC® C083411

CPI klimaneutral
Mehr Bäume.Weniger CO₂

2024, erweiterte Neuausgabe 2024

Gestaltung und Satz: Neue-Stadt-Grafik
Druck: CPI books GmbH, Leck
ISBN 978-3-7346-1349-4

www.neuestadt.com

Zu diesem Buch

Martin Buber (1878–1965): eine prophetische Gestalt, ein Weiser, der nicht nur das deutsche Geistesleben des 20. Jahrhunderts mitgeprägt hat. Als Philosoph, Erzieher, Autor, als Übersetzer der hebräischen Bibel und Herausgeber der Erzählungen der Chassidim, als Erneuerer des abendländischen Judentums und wichtiger Partner im Gespräch von Juden und Christen. Er verstand es, den Worten Gewicht zu geben, selbst den kleinsten wie *Ich und Du*, und dabei vor allem dem „und". Dialogisch war nicht nur seine Philosophie, dialogisch war auch sein Leben.

Auch wenn wir ihn nicht mehr fragen können, was mit diesem oder jenem Gedanken „genau" gemeint ist, auch wenn es uns nicht ge-

lingt, all das zu „sehen", was er uns zeigen wollte, so spüren wir doch: Da spricht ein Mensch, der es wagt, Zeugnis zu geben. Zeugnis von einer Wirklichkeit, die sich einer schnellen sprachlichen Bemächtigung widersetzt. Martin Buber hat versucht, sich das „zuständige Wort zu erdienen". Wer es unternimmt, nicht nur zu lesen, sondern hinzuhören, sich berühren zu lassen, der beginnt zu ahnen, was „wirkliches Leben" ausmacht.
Wie sehr wir auch, ja *gerade* heute eine solche Vergewisserung brauchen, das zeigt die ungebrochene Nachfrage nach diesem kleinen, mehrfach neu aufgelegten Band, der nun als erweiterte Neuausgabe erscheint – mit einer Skizze seines Lebens vom Buber-Biografen Bernd Aretz.
Die Weisheit und Humanität, die bei Buber aufleuchten, sprechen für sich – und treffen uns mitten ins Herz.

Stefan Liesenfeld

Inhalt

Zu diesem Buch V

Worte von Martin Buber 1–100

Anhang

Martin Buber – eine biografische Skizze
Von Bernd Aretz IX

Quellennachweis XXVI

Ich habe keine Lehre.
Ich zeige nur etwas.
Ich zeige Wirklichkeit,
ich zeige etwas
an der Wirklichkeit,
was nicht oder zu wenig
gesehen worden ist.
Ich nehme ihn, der mir zuhört,
an der Hand und führe ihn
zum Fenster.
Ich stoße das Fenster auf
und zeige hinaus.
Ich habe keine Lehre,
aber ich führe ein Gespräch.

Dialogisches Leben
ist nicht eins,
in dem man viel
mit Menschen zu tun hat,
sondern eins,
in dem man mit den Menschen,
mit denen man zu tun hat,
wirklich zu tun hat.

Ich kenne Leute,
die in der „sozialen Tätigkeit" aufgehen
und nie mit einem Mitmenschen
von Wesen zu Wesen
geredet haben.

Wie die Melodie
nicht aus Tönen sich zusammensetzt,
der Vers nicht aus Wörtern
und die Bildsäule nicht aus Linien,
man muss dran zerren und reißen,
bis man die Einheit zur Vielheit
zubereitet hat,
so der Mensch, zu dem ich Du sage.
Ich kann die Farbe seiner Haare
oder die Farbe seiner Rede
oder die Farbe seiner Güte
aus ihm holen,
ich muss es immer wieder;
aber schon ist er nicht mehr Du.

Die Beziehung zum Du
ist un-mittelbar …
Zwischen Ich und Du
steht kein Zweck,
keine Gier und keine Vorwegnahme;
und die Sehnsucht selber
verwandelt sich,
da sie aus dem Traum
in die Erscheinung stürzt.
Alles Mittel ist Hindernis.
Nur wo alles Mittel zerfallen ist,
geschieht die Begegnung.

Beziehung
ist Gegenseitigkeit.
Mein Du wirkt an mir,
wie ich an ihm wirke.

Ich werde
am Du;
Ich werdend
spreche ich Du.

Drei sind die Sphären,
in denen sich
die Welt der Beziehung baut.
Die Erste:
das Leben mit der Natur,
darin die Beziehung
an der Schwelle der Sprache haftet.
Die Zweite:
das Leben mit den Menschen,
darin sie sprachgestaltig wird.
Die Dritte:
das Leben mit den geistigen
Wesenheiten,
darin sie sprachlos,
aber sprachzeugend ist.

In jeder Sphäre,
in jedem Beziehungsakt,
durch jedes uns gegenwärtig Werdende
blicken wir
an den Saum des ewigen Du hin,
aus jedem vernehmen wir
ein Wehen von ihm,
in jedem Du reden wir das ewige an,
in jeder Sphäre nach ihrer Weise.
Alle Sphären sind in ihm beschlossen,
es in keiner.
Durch alle strahlt
die eine Gegenwart.

Wer Du spricht,
hat kein Etwas, hat nichts.
Aber er steht
in der Beziehung.

Beziehung kann bestehn,
auch wenn der Mensch,
zu dem ich Du sage,
in seiner Erfahrung
es nicht vernimmt.
Denn Du ist mehr, als Es weiß.
Du tut mehr,
und ihm widerfährt mehr,
als Es weiß.
Hierher langt kein Trug:
hier ist die Wiege
des Wirklichen Lebens.

Mensch sein heißt,
das gegenüber seiende Wesen sein.

Stehe ich einem Menschen
als meinem Du gegenüber,
spreche das Grundwort Ich-Du zu ihm,
ist er kein Ding unter Dingen
und nicht aus Dingen bestehend.
Nicht Er oder Sie ist er,
von andern Er und Sie begrenzt,
im Weltnetz aus Raum und Zeit
eingetragener Punkt;
und nicht eine Beschaffenheit,
erfahrbar, beschreibbar, lockeres Bündel
benannter Eigenschaften.
Sondern nachbarnlos und fugenlos
ist er Du und füllt den Himmelskreis.
Nicht als ob nichts andres wäre als er:
aber alles andre lebt in *seinem* Licht.

Die Hauptvoraussetzung
zur Entstehung
eines echten Gesprächs ist,
dass jeder seinen Partner als diesen,
als eben diesen Menschen meint.
Ich werde seiner inne,
werde dessen inne, dass er anders,
wesenhaft anders ist als ich,
in dieser bestimmten
ihm eigentümlichen einmaligen Weise
wesenhaft anders ist als ich,
und ich nehme den Menschen an,
den ich wahrgenommen habe,
sodass ich mein Wort
in allem Ernst an ihn,
eben als ihn, richten kann.

Um zum Andern ausgehen zu können,
muss man den Ausgangsort innehaben,
man muss bei sich gewesen sein,
bei sich sein.

Der Mensch soll zuerst
selbst erkennen,
dass die Konfliktsituationen
zwischen ihm und den andern
nur Auswirkungen
der Konfliktsituationen
in seiner eigenen Seele sind,
und dann soll er diesen
seinen inneren Konflikt
zu überwinden suchen,
um nunmehr als ein Gewandelter,
Befriedeter
zu seinen Mitmenschen auszugehen
und neue, gewandelte Beziehungen
zu ihnen einzugehen.

Es kommt einzig darauf an,
bei sich zu beginnen.

Der archimedische Punkt,
von dem aus ich
an meinem Orte
die Welt bewegen kann,
ist die Wandlung meiner selbst.

Der Ursprung allen Konflikts
zwischen mir
und meinen Mitmenschen ist,
dass ich nicht sage,
was ich meine,
und dass ich nicht tue,
was ich sage.

Es kommt nicht darauf an,
dass einer dem andern alles sage,
was ihm einfällt,
sondern darauf allein,
dass er zwischen sich
und den andern
keinen Schein
sich einschleichen lasse.

Es kommt nicht darauf an,
dass einer sich vor
einem andern „gehen lasse“,
sondern dass er dem Menschen,
dem er sich mitteilt,
an seinem Sein
teilzunehmen gewähre.

Was immer
in anderen Bereichen
der Sinn des Wortes „Wahrheit"
sein mag,
im Bereich des Zwischenmenschlichen
bedeutet es,
dass Menschen sich einander mitteilen
als das, was sie sind.

Es ist uns nicht gewährt,
die Wahrheit zu besitzen;
aber wer an sie glaubt
und ihr dient,
baut an ihrem Reich.

Gemeinschaft
ist Bewältigung der *Anderheit*
in der gelebten Einheit.

Gemeinschaft ist,
wo Gemeinschaft geschieht.

Die Kollektivität gründet sich
auf einem organisierten Schwund
der Personhaftigkeit,
die Gemeinschaft
auf ihrer Steigerung und Bestätigung
im Zueinander.

Wenn Menschen ihre Interessen
besser, erfolgreicher durchsetzen
zu können meinen,
dadurch, dass sie gleiche oder ähnliche
Interessen zusammentun,
dann entsteht
ein gesellschaftlicher Verband.
Wenn aber Menschen
nicht weniger als ihr ... *Leben*
zusammentun,
miteinander leben wollen ...,
dann entsteht
als Schicksal und Berufung
zwischen den Menschen
Gemeinschaft.

Der Einzelne,
der verantwortlich lebende Mensch,
kann auch seine politischen
Handlungen
– und selbstverständlich sind auch
Unterlassungen Handlungen –
nur von jenem Grunde
seines Daseins aus vollziehen,
zu dem der Anspruch
des furchtbaren und gütigen Gottes,
des Herrn der Geschichte
und unseres Herrn,
dringen will.

Es ist offenbar,
dass für den in der Gemeinschaft
lebenden Menschen
der Boden
der personhaften Wesensentscheidung
von dem Faktum der sogenannten
Kollektiventscheidungen
dauernd bedroht ist.

Das ist der Einzelne,
der „die Menge umsetzt in Einzelne“ –
wie könnte es einer sein,
der der Menge fernbleibt!

* * *

Auch wenn er zur Menge zu reden hat,
sucht er die Person.

Ein junger Lehrer betritt zum ersten Mal selbständig ... eine Schulklasse. Sie liegt vor seinem Blick wie ein Bild der Menschenwelt, so vielfältig, so widerspruchsvoll und so unzulänglich ... Aber da trifft sein Blick auf ein Gesicht, das ihm auffällt, es ist weder schön noch besonders intelligent, aber es ist ein wirkliches Gesicht ... Und er, der junge Lehrer, redet das Gesicht an ... die Antwort, die er bekommt, ist nicht die übliche Schülerantwort, sondern der Junge *erzählt* ... Dabei hat sich sein Gesicht verändert; es ist gar nicht mehr so chaotisch wie vorher. Und die Klasse ist still geworden. Alle hören zu. Auch die Klasse ist nun kein Chaos mehr. Etwas ist geschehen.

Das innere Gefüge des
menschlichen Zusammenlebens
kann nur durch
ein Neuwerden und Echtwerden
der Beziehungen
von Mensch zu Mensch,
von Gruppe zu Gruppe
und so auch von Volk zu Volk
erneuert werden.

Ich glaube trotz allem,
dass die Völker in dieser Stunde
ins Gespräch, in ein echtes Gespräch
miteinander kommen können.
Ein echtes Gespräch ist eins,
in dem jeder der Partner den andern,
auch wo er in einem Gegensatz
zu ihm steht,
als diesen existenten Andern
wahrnimmt, bejaht und bestätigt;
nur so kann der Gegensatz
zwar gewiss nicht
aus der Welt geschafft,
aber menschlich ausgetragen
und der Überwindung
zugeführt werden.

Die Religionen
müssen mit aller Kraft darauf horchen,
was Gottes Wille für diese Stunde ist,
sie müssen von der Offenbarung aus
die aktuellen Probleme
zu bewältigen suchen,
die der Widerspruch
zwischen dem Willen Gottes
und der gegenwärtigen Wirklichkeit
der Welt ihnen stellt.
Dann werden sie,
wie in der gemeinsamen Erwartung
der Erlösung,
so in der Sorge
um die noch unerlöste Welt von heute
verbunden sein.

Der Mensch in der Krisis,
das ist der Mensch,
der seine Sache nicht mehr
dem Gespräch anvertraut,
weil ihm dessen Voraussetzung,
das Vertrauen,
verlorengegangen ist.

Vertrauen bedeutet
Durchbruch
aus der Verschlossenheit,
Sprengung der Klammer,
die um ein unruhiges Herz gelegt ist,
aber es bedeutet
keine unbedingte Zustimmung.

Wirkliches Miteinanderleben
von Mensch zu Mensch
kann nur da gedeihen,
wo die Menschen
die wirklichen Dinge
ihres gemeinsamen Lebens
miteinander erfahren,
beraten,
verwalten ...

Das Wir
schließt das Du potenziell ein.
Nur Menschen, die fähig sind,
zueinander
wahrhaft Du zu sagen,
können miteinander
wahrhaft Wir sagen.

Ach, was ist eure Liebe,
wenn sie nicht auch
Verantwortung ist
für alles,
was durch ihre Macht
bewirkt wird!

Die Liebe
haftet dem Ich nicht an,
so dass sie das Du
nur zum „Inhalt",
zum Gegenstand hätte,
sie ist *zwischen* Ich und Du.

Liebe ist ein welthaftes Wirken.
Wer in ihr steht, in ihr schaut,
dem lösen sich Menschen
aus ihrer Verflochtenheit ins Getriebe;
Gute und Böse,
Kluge und Törichte,
Schöne und Hässliche,
einer um den andern
wird ihm wirklich und zum Du,
das ist, losgemacht, herausgetreten,
einzig und gegenüber wesend;
Ausschließlichkeit ersteht wunderbar
Mal um Mal –
und so kann er wirken,
kann helfen, heilen, erziehen,
erheben, erlösen.

Gefühle
begleiten das metaphysische
und metapsychische Faktum der Liebe,
aber sie machen es nicht aus;
und die Gefühle, die es begleiten,
können sehr verschiedener Art sein.
Das Gefühl Jesu zum Besessenen
ist ein andres als das Gefühl
zum Lieblingsjünger;
aber die Liebe ist eine.

Liebe ist Verantwortung
eines Ich für ein Du:

Hierin besteht,
die in keinerlei Gefühl bestehen kann,
die Gleichheit aller Liebenden,
vom Kleinsten bis zum Größten
und von dem selig Geborgnen,
dem sein Leben
in dem eines geliebten Menschen
beschlossen ist,
zu dem lebelang
ans Kreuz der Welt Geschlagenen,
der das Ungeheure vermag und wagt:
die Menschen zu lieben.

Liebe ohne Dialogik,
also ohne wirkliches
Zum-Andern-Ausgehen,
Zum-Andern-Gelangen
und Beim-Andern-Verweilen,
die bei sich bleibende Liebe ist es,
die Luzifer heißt.

Die wahre Gemeinde
entsteht nicht dadurch,
dass Leute Gefühle füreinander haben
(wiewohl freilich auch nicht ohne das),
sondern durch diese zwei Dinge:
dass sie alle zu einer lebendigen Mitte
in lebendig gegenseitiger
Beziehung stehen
und dass sie untereinander
in lebendig gegenseitiger
Beziehung stehen.

Die Menschen,
die nach Gemeinschaft begehren,
begehren nach Gott.

Das Zwischenmenschliche
erschließt
das sonst Unerschlossene.

Die Schöpfung
ist keine Hürde
auf der Bahn zu Gott,
sie ist diese Bahn selbst.
Wir sind miteinander erschaffen
und auf ein Miteinander zu.

Die Geschöpfe
sind mir in den Weg gestellt,
damit ich, ihr Mitgeschöpf,
durch sie und mit ihnen
zu Gott finde.

Ich weiß nichts von einer „Welt"
und von einem „Weltleben",
die einen von Gott trennten;
was so genannt wird,
ist das Leben mit einer
verfremdeten Eswelt,
das erfahrende und gebrauchende.

Wer wahrhaft zur Welt ausgeht,
geht zu Gott aus.
Sammlung und Ausgehn,
beide wahrhaft,
das Ein-und-andre,
welches das Eine ist,
tut not.

Gott ist
nicht ein Gegenstand
neben Gegenständen
und kann daher nicht
durch Verzicht auf Gegenstände
erreicht werden.
Gott ist zwar nicht das All,
aber er ist erst recht nicht
das Sein minus das All.
Er ist nicht durch Abzug zu finden
und nicht durch Abstrich zu lieben.

Von der Welt wegblicken,
das hilft nicht zu Gott;
auf die Welt hinstarren,
das hilft auch nicht zu ihm;
aber wer die Welt in ihm schaut,
steht in seiner Gegenwart.

Die ausschließliche
(„mit *all* deinem Herzen")
Liebe zu Gott ist,
weil er Gott ist,
die einschließliche Liebe,
bereit
alle Liebe aufzunehmen
und einzuschließen.

Unser Glaube
hat unsere Menschlichkeit
zur Grundlage,
und unsere Menschlichkeit
hat unseren Glauben
zur Grundlage.

Die Religion soll wissen,
dass es der Alltag ist,
der die Andacht
heiligt und entheiligt.

Religiöser Sozialismus bedeutet,
dass der Mensch
in der Konkretheit
seines persönlichen Lebens
mit den Grundfakten
dieses Lebens Ernst macht:
den Fakten,
dass Gott ist,
dass die Welt ist,
und dass er,
diese Menschenperson,
vor Gott und in der Welt steht.

Man kann sein Leben nicht zwischen
eine wirkliche Beziehung zu Gott
und ein unwirkliches Ich-Es-Verhältnis
zur Welt aufteilen –
zu Gott wahrhaft beten
und die Welt benützen.
Wer die Welt
als das zu Benützende kennt,
kennt auch Gott nicht anders.
Sein Gebet
ist eine Entlastungsprozedur;
es fällt ins Ohr der Leere.
Er – nicht der „Atheist",
der aus der Nacht und Sehnsucht
seines Kammerfensters
das Namenlose anspricht –
ist der Gottlose.

Wer Gott und den Genossen
in einem liebt,
bekommt,
wiewohl in aller Brüchigkeit
des Menschentums verbleibend,
Gott zum Genossen.

Nur Ein Du
hört seinem Wesen nach nie auf,
uns Du zu sein.
Wohl kennt, wer Gott kennt,
die Gottferne auch
und die Pein der Dürre
über dem geängstigten Herzen;
aber die Präsenzlosigkeit nicht.
Nur wir sind nicht immer da.

Erst wenn alle Beziehungen,
unverkürzt,
in die eine hereingenommen werden,
legen wir den Ring unsrer Lebenswelt
um die Sonne unseres Seins.

Nur wer an die Welt glaubt,
bekommt es mit ihr selbst zu tun;
und gibt er sich dran,
kann er auch nicht gottlos bleiben.

Wo zwei wahrhaft beisammen sind,
sind sie es im Namen Gottes.

Oben und unten
sind aneinander gebunden.
Wer mit den Menschen reden will,
ohne mit Gott zu reden,
dessen Wort vollendet sich nicht;
aber wer mit Gott reden will,
ohne mit den Menschen zu reden,
dessen Wort geht in die Irre.

Das Antlitz Gottes
ist uns verstellt,
und es ist,
als müsste die Welt erkalten,
der es nicht mehr leuchtet.

* * *

Wie wenn die Sonne
sich verfinstert,
und wüsste man nicht,
dass sie da ist,
würde man meinen,
es gäbe sie nicht mehr,
so ist es in solchen Zeiten.

Die Finsternis des Gotteslichts
ist kein Verlöschen;
morgen schon
kann das Dazwischengetretene
gewichen sein.

Was erwarten wir,
wenn wir verzweifeln
und doch noch
zu einem Menschen gehen?
Wohl eine Gegenwärtigkeit,
durch die uns gesagt wird,
dass es ihn dennoch gibt,
den Sinn.

Gott
will zu seiner Welt kommen,
aber er will zu ihr
durch den Menschen
kommen.

Indem jeder Mensch
von seinem Punkt aus,
von seinem Wesen aus
zu Gott zu kommen vermag,
vermag, auf allen Wegen vordringend,
das Menschengeschlecht als solches
zu ihm zu kommen.

Gott sagt nicht:
„Das ist ein Weg zu mir, das aber nicht",
sondern er sagt:
„Alles, was du tust, kann ein Weg
zu mir sein, wenn du es nur so tust,
dass es dich zu mir führt."
Was aber dies ist,
das eben dieser Mensch
und kein anderer tun kann und tun soll,
kann ihm nur aus ihm selber
offenbar werden.
Hier kann nur irreführen,
wenn einer darauf schaut,
wie weit es ein anderer gebracht hat,
und es ihm nachzutun trachtet;
denn dabei entgeht ihm eben,
wozu er und nur er allein berufen ist.

Mancher Mensch muss mit Fasten
beginnen und immer wieder beginnen,
weil ihm eigentümlich ist,
dass er erst durch eine Askese
zur Befreiung von der Versklavung
unter die Welt,
zur tiefsten Selbstbesinnung
und von da aus zur Bindung
an das Absolute kommen kann.
Aber nie darf diese Askese
die Herrschaft über das Leben
des Menschen beanspruchen.
Der Mensch soll sich von der Natur
nur entfernen,
um erneuert zu ihr zurückzukehren und
durch den geheiligten Kontakt mit ihr
den Weg zu Gott zu finden.

Pflegen wir heiligen Umgang
mit der uns anvertrauten kleinen Welt,
helfen wir in dem Bezirk der Schöpfung,
mit der wir leben,
der heiligen Seelensubstanz
zur Vollendung zu gelangen,
dann stiften wir an diesem unseren Ort
eine Stätte für Gottes Einwohnung,
dann lassen wir Gott ein.

Dass du Gott brauchst, mehr als alles,
weißt du allzeit in deinem Herzen;
aber nicht auch, dass Gott dich braucht,
in der Fülle seiner Ewigkeit dich?
Wie gäbe es den Menschen,
wenn Gott ihn nicht brauchte,
und wie gäbe es dich?
Du brauchst Gott, um zu sein,
und Gott braucht dich –
zu eben dem,
was der Sinn deines Lebens ist.

Dass es die Welt,
dass es den Menschen,
dass es die menschliche Person,
dich und mich gibt,
hat göttlichen Sinn.

Erziehen kann nur,
wer in der ewigen *Präsenz* steht;
er erzieht,
indem er in sie einführt.

Der Erzieher
braucht kein sittliches Genie zu sein,
um Charaktere zu erziehen;
aber er muss
ein ganzer lebendiger Mensch sein,
der sich seinen Mitmenschen
unmittelbar mitteilt:
seine Lebendigkeit strahlt auf sie aus
und beeinflusst sie
gerade dann am stärksten und reinsten,
wenn er gar nicht daran denkt,
sie beeinflussen zu wollen.

Ich versuche zu erklären, dass es unanständig ist, den Schwächeren zu schlagen, und schon sehe ich ein unterdrücktes Lächeln in den Mundwinkeln der Stärkeren;

ich versuche zu erklären, dass Lüge das Leben zerstört, und etwas Furchtbares geschieht: Der schlimmste Gewohnheitslügner in meiner Klasse schreibt einen glänzenden Aufsatz über die zerstörende Macht der Lüge.

Ich habe den fatalen Fehler begangen, Ethos zu *unterrichten*, und was ich sagte, wird als gangbare Kenntnismünze aufgenommen, nichts davon verwandelt sich in Substanz, die den Charakter aufbaut ...

Vertrauen, Vertrauen zur Welt,
weil es diesen Menschen gibt –
das ist das innerlichste Werk
des erzieherischen Verhältnisses.
Weil es diesen Menschen gibt,
kann der Widersinn
nicht die wahre Wahrheit sein,
so hart er einen bedrängt.
Weil es diesen Menschen gibt,
ist gewiss in der Finsternis das Licht,
im Schrecken das Heil
und in der Stumpfheit der Mitlebenden
die große Liebe verborgen.
Weil es diesen Menschen gibt.
Und so muss denn aber dieser Mensch
auch wirklich da sein.

Religiöse Erziehung als Teilgebiet
muss immer problematischer werden;
aber ein Ganzes ist Erziehung nur,
wenn sie als Ganzes
religiös ist.

Wenn an Gott glauben bedeutet,
von ihm in der dritten Person
reden zu können,
glaube ich nicht an Gott.

Wenn an ihn glauben bedeutet,
zu ihm
reden zu können,
glaube ich an Gott.

Es ist die Relation
Ich-Du allein,
in der wir zu Gott
stehen können ...
Wer sich, nach einem Aussetzen
der vollen Ich-Du-Beziehung,
anstrengt,
ein Nachbild festzuhalten,
hat die Schau schon verloren.

Worauf es ankommt ist, dass wir jeweils in der Stunde der Entscheidung mit dem Aufgebot der höchsten Verantwortung, mit der Kraft des Gewissens erkennen, wie viel zur Bewahrung der Gemeinschaft gefordert ist, und dass wir dies auf uns nehmen und nicht weniger als dies, dass wir nicht die Forderung des Machtwillens als Forderung des Lebens ausdeuten; dass wir nicht grundsätzlich einen Bezirk aussparen, in dem Gottes Gebot nicht gilt, sondern es als Not und Leid und schmerzliches Opfer fassen, wenn uns die Stunde aufzwingt, gegen sein Gebot zu handeln.

Der Mensch wird durch das,
was ihm widerfährt,
was ihm geschickt wird,
durch sein Schicksal angeredet;
durch sein eigenes Tun und Lassen
vermag er auf diese Anrede
zu antworten,
er vermag sein Schicksal
zu verantworten.
Diese Antwort
mag stammelnd erfolgen –
wenn nur eine unbedingte
Entscheidung des Menschen
in ihr rückhaltlos
zum Ausdruck kommt.

Es gibt eine verkehrte Selbstbesinnung,
die den Menschen nicht
zur Umkehr bewegt
und auf den Weg bringt,
sondern ihm die Umkehr
als hoffnungslos darstellt
und ihn damit dorthin treibt,
wo sie anscheinend
vollends unmöglich geworden ist
und der Mensch nur noch
kraft des dämonischen Hochmuts,
des Hochmuts der Verkehrtheit,
weiterzuleben vermag.

Du sollst dich nicht immerzu
mit dem quälen,
was du falsch gemacht hast,
sondern die Seelenkraft,
die du auf solche Selbstvorwürfe
verwendest,
sollst du der Tätigkeit an der Welt
zuwenden,
für die du bestimmt bist.

* * *

Nicht mit dir
sollst du dich befassen,
sondern mit der Welt.

Mit kühnen starken Worten
hat der Gerer Rabbi
in einer Predigt am Versöhnungstag
vor der Selbstpeinigung gewarnt.
„Wer ein Übel, das er getan hat",
sagte er, „immerzu beredet und
besinnt, hört nicht auf,
das Gemeine, das er getan hat,
zu denken,
und was man denkt, darin liegt man,
mit der Seele liegt man
ganz und gar darin ...
In der Zeit, wo ich darüber grüble,
kann ich doch Perlen reihen,
dem Himmel zur Freude."

Rabbi Mendel von Kozk
überraschte einst
einige gelehrte Männer,
die bei ihm zu Gast waren,
mit der Frage:
„Wo wohnt Gott?"

Sie lachten über ihn:
„Wie redet Ihr!
Ist doch die Welt
seiner Herrlichkeit voll!"

Er aber beantwortete die eigene Frage:
„Gott wohnt,
wo man ihn einlässt."

Das ist es,
worauf es letzten Endes ankommt:
Gott einlassen.
Man kann ihn
aber nur da einlassen,
wo man steht,
wo man wirklich steht,
da wo man lebt,
wo man ein wahres Leben lebt.

Rabbi Elimelech sagte einmal: „Ich bin sicher, der kommenden Welt teilhaftig zu werden. Wenn ich vor dem obern Gericht stehe und sie mich fragen: ‚Hast du nach Gebühr gelernt?', werde ich antworten: Nein.

Dann fragen sie wieder: ‚Hast du nach Gebühr gebetet?', und ich antworte desgleichen: Nein.

Und sie fragen zum dritten: ‚Hast du nach Gebühr Gutes getan?', und ich kann auch diesmal nicht anders antworten.

Da sprechen sie das Urteil: ‚Du sagst die Wahrheit. Um der Wahrheit willen gebührt dir ein Anteil an der kommenden Welt.' "

Lieber scheitern
als um des Gelingens willen
in Hochmut verfallen.

Der Mensch ist so erschaffen,
dass er verstehen kann,
aber nicht verstehen muss,
was Gott ihm sagt.

Gott gibt den erschaffenen Menschen
den Nöten und Ängsten nicht preis,
er leiht ihm den Beistand seines Worts,
er spricht zu ihm,
er spricht sein Wort ihm zu.
Der Mensch aber horcht nicht
getreuen Ohrs
auf das ihm Zugesprochene,
er vermengt schon im Hören
Himmelsgebot und Erdensatzung
miteinander,
Offenbarung des Seienden
und die Orientierungen,
die er sich selber zurechtmacht.

Immer, wenn ich einen biblischen Text
zu übertragen
oder zu interpretieren habe,
tue ich es mit Furcht und Zittern,
in einer unentrinnbaren Schwebe
zwischen dem Worte Gottes
und den Worten der Menschen.

Was Gott von mir
für diese Stunde verlangt,
erfahre ich,
sofern ich es erfahre,
nicht eher als in ihr.

Eines der Urgeheimnisse
der Zeit:
das offenbare Geheimnis
der Einmaligkeit alles Geschehens.

Gegenwart,
nicht die punkthafte, die nur den
jeweilig im Gedanken gesetzten Schluss
der „abgelaufenen" Zeit,
den Schein des festgehaltenen Ablaufs
bezeichnet,
sondern die wirkliche und erfüllte,
gibt es nur insofern,
als es Gegenwärtigkeit,
Begegnung, Beziehung gibt.
Nur dadurch,
dass das Du gegenwärtig wird,
entsteht Gegenwart ...
Gegenwart ist nicht das Flüchtige
und Vorübergleitende,
sondern das Gegenwartende
und Gegenwährende.

Es gibt etwas, was man
an einem einzigen Ort in der Welt
finden kann.
Es ist ein großer Schatz,
man kann ihn
die Erfüllung des Daseins
nennen.
Und der Ort,
an dem dieser Schatz zu finden ist,
ist der Ort, wo man steht.

Der echte Glaube spricht:
Ich weiß nichts vom Tod,
aber ich weiß, dass Gott die Ewigkeit ist,
und ich weiß dies noch,
dass er mein Gott ist.
Ob das, was wir Zeit nennen,
uns jenseits unseres Todes verbleibt,
wird uns recht unwichtig
neben diesem Wissen,
dass wir Gottes sind –
der nicht „unsterblich",
sondern ewig ist.

Je älter man wird,
um so mehr wächst in einem
die Neigung zu danken.

Vor allem nach oben.
Das Leben wird ja nun,
so stark wie es nie zuvor
möglich gewesen wäre,
als eine unentgeltliche Gabe empfunden,
und gar jede restlos gute Stunde
nimmt man,
wie ein überraschendes Geschenk,
mit ausgestreckten dankbaren Händen
entgegen.

Sodann aber verlangt es einen
Mal um Mal,
seinem Mitmenschen zu danken,
selbst wenn er nichts Besonderes
für einen getan hat.
Wofür denn?
Dafür, dass er mir, wenn er mir begegnete,
wirklich begegnet ist;
dass er die Augen auftat und
mich mit keinem andern verwechselte;
dass er die Ohren auftat
und zuverlässig vernahm,
was ich ihm zu sagen hatte;
ja, dass er das auftat,
was ich recht eigentlich anredete,
das wohlverschlossene Herz.

Alles wirkliche Leben
ist Begegnung.

Martin Buber – eine biografische Skizze

Von Bernd Aretz

„Ich werde am Du; Ich werdend spreche ich Du. Alles wirkliche Leben ist Begegnung." Die Dialogphilosophie, die er in seinem Hauptwerk *Ich und Du – das dialogische Prinzip* entwickelt hatte, machte den jüdischen Religionsphilosophen Martin Buber weltweit bekannt. Er war davon überzeugt, dass jeder Mensch nur auf dem Weg zum Du zu seinem Ich findet und zu einer erfüllten Person wird. Nur wer in der Beziehung stehe, nehme an der Wirklichkeit teil. Diese Teilnahme sei „umso vollkommener, je unmittelbarer die Berührung des Du ist".

Martin Buber wurde im Jahr 1878 in Wien geboren und wuchs nach der Trennung seiner Eltern in der Stadt Lemberg, die heute in der Ukraine liegt, bei seinen Großeltern auf. Er wurde von seinem Großvater, der ein Gelehrter des Talmud war, und von seiner literarisch gebildeten Großmutter religiös, kulturell und sprachlich sehr gefördert.
Nach seinem Abitur studierte Buber Philosophie, Germanistik, Kunstgeschichte und Psychologie in den Städten Wien, Berlin, Leipzig, Zürich und Florenz. Sein Studium schloss Buber im Jahr 1904 mit der Promotion in Wien ab.
Bereits 1899 hatte er in Zürich die aus München stammende Paula Winkler kennengelernt. Paula Winkler und Martin Buber verliebten sich ineinander und heirateten im gleichen Jahr. Die Germanistik-Studentin war sehr interessiert am jüdischen Leben. Vor der Hochzeit konvertierte die Katholikin zum Judentum und vollzog das Ritual der traditio-

nellen Mikwe, das Tauchbad. 1900 wurde der Sohn Rafael geboren, im Jahr danach die Tochter Eva. Paula Winkler-Buber unterstützte ihren Mann im Einsatz für eine kulturelle Renaissance des Judentums. Im Lauf der Jahre wurde sie eine anerkannte Kapazität jüdischer Spiritualität und half ihrem Mann bei der Überarbeitung zahlreicher Manuskripte.

Buber fand im Jahr 1898 während seines Studiums zum Zionismus. Die zionistische Bewegung befürwortete die Schaffung einer jüdischen Nation in Palästina, als Heimat für das gesamteuropäische Judentum. Buber verstand den Zionismus zum einen als die traditionelle eschatologische Ausrichtung des orthodoxen Judentums an Israel als dem „Heiligen Land". Zum anderen sah er ihn als eine politische Nationalbewegung, die auf den völkischen Antisemitismus reagierte. Der Protagonist dieser Idee war der österreichisch-ungarische Journalist und Publizist

Theodor Herzl, der seine Vorstellungen in der auf Deutsch geschriebenen Programmschrift *Der Judenstaat* (1896) veröffentlicht hatte. Die Unterstützung der Schaffung eines jüdischen Staates bedeutete für den 20-jährigen Buber einen Wendepunkt in seinem Leben. Er griff damit die Tradition seiner Großeltern auf und machte sich ihren Wunsch zu eigen, ihr Leben und Wirken „in den Dienst des jüdischen Volkes" zu stellen.

Mit dem Beginn seines Einsatzes für den Zionismus setzte sich Buber auch vertieft mit dem Chassidismus, einer mystischen jüdischen Erweckungsbewegung, auseinander. 1906 las er ein Buch eines Vertreters des Chassidismus, des Rabbi Israel ben Elieser (1698–1760). Durch den Gründer des osteuropäischen Chassidismus wurde Buber von der Tiefe des Judentums berührt, wie er schreibt: „Urjüdisches ging mir auf, im Dunkel des Exils zu neubewusster Äußerung aufgeblüht: die Gottesebenbildlichkeit des Menschen als Tat, als Werben, als Aufgabe gefasst. Und dieses Urjüdische war ein Urmenschliches, der Gehalt menschlichster Religiosität. Das Judentum als Religiosität, als ‚Frömmigkeit', als Chassiduth (Lehre) ging mir auf."

Bereits als kleiner Junge hatte Buber durch seinen Großvater eine lebendige chassidische Gemeinde kennengelernt. Ihn begeisterte die Lebendigkeit des Betens, Singens und Tanzens der Gläubigen sowie das Wirken des Gemeindeleiters, des Zaddiks, der Vertrauen und Weisheit ausstrahlte. Er erlebte, dass die vielfach das Leben prägende Trennung von Gott einerseits und Welt andererseits aufgehoben war. Dieses dualistische Weltbild war überwunden, wie er feststellte: „Nicht darin besteht das Heil des Menschen, dass er sich vom Weltlichen fernhalte, sondern dass er es heilige, es dem göttlichen Sinn weihe: seine Arbeit und seine Speise, seine Ruhe und seine Wanderschaft, den

Aufbau der Familie und den Aufbau der Gesellschaft."

Bubers intensive Beschäftigung mit den überlieferten chassidischen Geschichten fand im Jahr 1949 ihren Abschluss in dem umfangreichen Werk *Die Erzählungen der Chassidim*. Diese Geschichten gehen auf die Tradition zurück, dass der Zaddik, der Verantwortliche dieser frommen Gemeinden, seinen Zuhörerinnen und Zuhörern Begebenheiten aus dem Alltag, Anekdoten von Vätern und Kindern, Episoden aus dem Familienleben, von Lehrern und Schülern oder Heiligengeschichten und fromme Parabeln erzählte. Das Wort des Zaddik wurde laut Buber nicht als bloße Rede verstanden, vielmehr führe es „das, was geschehen ist, faktisch in die kommenden Geschlechter hinüber, ja das Erzählen ist selber Geschehen, es hat die Weihe einer heiligen Handlung".

Buber beklagte, dass die Bibel für die Menschen seiner Zeit an Wert verloren hatte. Daraus wuchs sein sehnlicher Wunsch, ihnen die Worte Gottes neu zugänglich zu machen. Er war überzeugt, dass der in seinem Werk *Ich und Du* als notwendig herausgearbeitete Dialog der Menschen untereinander zu einer direkten Verbindung mit Gott führe: „Die verlängerten Linien der Beziehungen schneiden sich im ewigen Du." Denn wenn der Mensch zu einem echten Dialog finde, dann eröffne sich eine transzendente Dimension: „Jedes geeinzelte Du ist ein Durchblick zu ihm. Durch jedes geeinzelte Du spricht das Grundwort das ewige an."

Durch einen Anstoß des jungen Heidelberger Verlegers Lambert Schneider begann Buber mit dem Religionsphilosophen und Begründer des Freien Jüdischen Lehrhauses in Frankfurt, Franz Rosenzweig, im Jahr 1925 die Übersetzung der hebräischen Bibel ins

Deutsche. Buber und Rosenzweig wollten die hebräische Bibel wieder stärker als gesprochenes Wort erlebbar machen. So verwendeten sie für die Übersetzung eine bildreiche, rhythmische Sprache und gliederten die Bibel in Texteinheiten auf, die gleichermaßen Atem-, Sprech- und Sinneinheiten darstellen. Der erste Band der Bibel konnte bereits 1926 veröffentlicht werden. Nach dem frühen Tod Franz Rosenzweigs im Jahr 1929 arbeitete Buber allein an den Übersetzungen weiter. Im Jahr 1961, im Alter von 83 Jahren, konnte er die letzten Teile der „Rosenzweig-Buber-Bibel" abschließen.

Die 1920er- und 30er-Jahre waren für Buber arbeitsreiche und fruchtbare Jahre. Vor allem war er publizistisch tätig und arbeitete für das jüdische Bildungssystem in Deutschland. Seit Ende 1933 leitete er das jüdische Lehrhaus in Frankfurt a. M. Gerade in der Zeit der beginnenden Verfolgung der Juden durch den Nationalsozialismus setzte sich Buber für die geistige Erneuerung des Judentums ein – ein innerer Wunsch, seit er sich dem Zionismus angeschlossen hatte. Er gab vielen Juden in Deutschland Halt und stärkte auch diejenigen, die sich auf die Emigration vorbereiteten. Aber zusehends erlebten Buber und seine Familienangehörigen persönliche Repressalien. Bereits 1933 gab es erste Hausdurchsuchungen durch die Gestapo, und noch vor dem offiziellen Entzug der Lehrerlaubnis legte er an der Frankfurter Universität seine Professur für jüdische Religionslehre und Ethik nieder. Ab 1935 durfte Buber nicht mehr in der Öffentlichkeit wirken.

Als der Terror und die Misshandlungen gegenüber den Juden im NS-Regime immer bedrängender wurden, plante er mit seiner Frau im Jahr 1937 die Ausreise nach Israel. Nach längeren Verhandlungen und unter der Bedingung, die Wohnung in Heppenheim am Rande des Odenwaldes vollständig eingerichtet zu hinterlassen, konnte die Familie Buber im März 1938 endlich auswandern. Am 9. November des gleichen Jahres wurde in der Reichspogromnacht die Einrichtung des Hauses inklusive des verbliebenen Teils der wertvollen Bibliothek zerstört. Aufgrund dieser Zuspitzung der Gewalt gegenüber den Juden hielt sich Buber nicht an die ursprüngliche Auflage der Gestapo, auch künftig jedes Jahr vier Monate in Deutschland zu verbringen. Der Kontakt zur Heimat war damit für lange Zeit unterbrochen.

In Jerusalem angekommen, konzentrierte sich der Einwanderer auf seine neue Aufgabe als Professor für Sozialphilosophie und allgemeine Soziologie an der Hebräischen Universität Jerusalem. Gleichzeitig begann er einige seiner Bücher ins Hebräische zu übersetzen und verwirklichte sein Lieblingsprojekt – ein „Seminar für Erwachsenenbildner", in dem Volkshochschullehrer qualifiziert werden sollten.

Die Hoffnung Bubers, dass Juden und Araber friedlich zusammenleben könnten, ist aktueller denn je. Er hat den Konflikt der beiden Völker hautnah miterlebt und wollte deswegen den Dialog unter ihnen fördern, den er schon damals sehr gefährdet sah. So bekannte er: „Wir haben in Palästina nicht mit den Arabern, sondern neben ihnen gelebt. Das Nebeneinander zweier Völker auf dem gleichen Territorium muss aber, wenn es sich nicht zu einem Miteinander entfaltet, zu einem Gegenüber ausarten. So droht es auch hier zu geschehen." Deswegen engagierte Buber sich in Israel mit der Vereinigung „Ichud" politisch für die Verständigung von Juden und Arabern. Noch ein Jahr vor seinem Tod im Jahr 1964 teilte Buber dem israelischen Ministerpräsidenten Levi Eschkol folgenden Beschluss des Vorstandes der „Ichud" mit: „Wir begrüßen zusammen mit dem ganzen Jischuw [jüdische Bevölkerung in Palästina] den Plan zur Entwicklung von Galiläa, betonen aber die lebenswichtige Notwendigkeit, diesen Plan zum Wohle der Juden wie der Araber durchzuführen. Dazu ist es erforderlich, einen umfassenden Plan vorzulegen, der von vorneherein die Bedürfnisse beider Gruppen von Bürgern berücksichtigt."

Der Dialog mit unterschiedlichen Religionen war für den Religionsphilosophen Buber existenziell. Diese Notwendigkeit sah er auch auf dem Hintergrund seines jüdischen Glaubens und einer pazifistischen Grundhaltung. So unterstrich er: „Eine Zusammenarbeit der Religionsgemeinschaften ist in unserer Zeit erforderlicher als je zuvor, weil die allen glaubenden Menschen gemeinsame Sorge, die um die Zukunft des Menschen auf der Erde, zu einer überschweren Beängstigung geworden ist und weil ihr nur durch gemeinsames Werk unter gemeinsamer Anrufung der Hilfe Gottes tätig begegnet werden kann."

Nach der Shoah wurde Buber zu einem der wichtigsten Brückenbauer zwischen Deutschen und Juden. Im Jahr 1951 unternahm er seine erste Reise in die alte Heimat und trat dort 1953 erstmals nach dem Ende des Krieges wieder öffentlich auf. Anlässlich der Verleihung des Friedenspreises des Deutschen Buchhandels am 27. September 1953 in der Paulskirche in Frankfurt a. M. erinnerte Buber an die „monströse Unmenschlichkeit" der Shoah, an den Völkermord an den Juden, der niemals vergeben werden könne. Aber eine „Kollektivschuld" der Deutschen lehnte er dennoch entschieden ab; mit Dankbarkeit erwähnte er die Deutschen, die Widerstand gegen das NS-Regime geleistet hatten. So bekannte er: „Zuletzt aber erscheinen die mir aus zuverlässigen Berichten an Angesicht, Haltung und Stimme wie Freunde vertraut Gewordenen, die sich weigerten, den Befehl auszuführen oder weiterzugeben, und den Tod erlitten oder ihn sich gaben, oder die erfuhren, was geschah, und sich dagegen auflehnten und den Tod erlitten, oder die erfuhren, was geschah, und weil sie nichts dawider unternehmen konnten, sich den Tod gaben. Ich sehe diese Menschen ganz nah vor mir, in jener besonderen Intimität, die uns zuweilen mit Toten, und mit ihnen allein, verbindet; und nun herrscht in meinem Herzen die Ehrfurcht und die Liebe zu diesen deutschen Menschen."

Angesichts des Kalten Krieges forderte Buber in seiner Rede in Frankfurt mit folgenden Worten alle Völker der Erde auf, in einen neuen Dialog zu treten, um niemals wieder einen Krieg zu erleben: „Ich glaube trotz allem, dass die Völker in dieser Stunde ins Gespräch, in ein echtes Gespräch miteinander kommen können. Ein echtes Gespräch ist eins, in dem jeder der Partner den andern, auch wo er in einem Gegensatz zu ihm steht, als diesen existenten Andern wahrnimmt, bejaht und bestätigt; nur so kann der Gegensatz zwar gewiss nicht aus der Welt geschafft, aber menschlich ausgetragen und der Überwindung zugeführt werden." Bubers Rede endet mit dem Appell: „Erlösen wir die Sprache aus ihrem Bann! Unterfangen wir uns, trotz allem, zu vertrauen!"

Die Bereitschaft zum Dialog mit den Deutschen demonstrierte Buber in den folgenden Jahren in zahlreichen Besuchen und in der Annahme verschiedener Preise und Ehrungen, was in Jerusalem bisweilen auch kritisch gesehen wurde. In der Zeit von 1945 bis 1965 fand Buber in aller Welt viel Respekt und Anerkennung für seine Veröffentlichungen und für sein Wirken in Israel. In New York war Buber im Jahr 1955 neben Hannah Arendt und Gershom Scholem an der Gründung des *Leo Baeck Instituts* beteiligt, einer wichtigen Dokumentations- und Forschungsstätte für die Geschichte der deutschsprachigen Juden. Eine Dependance dieses Instituts befindet sich im Jüdischen Museum Berlin. Ein Großteil der Bestände liegt in elektronischer Form vor.

Im Jahr 1958 starb Bubers geliebte Frau Paula. Ihr Tod ging Buber sehr zu Herzen und schwächte seine Gesundheit. Ende April 1965 erlitt der mittlerweile hochbetagte Philosoph durch einen unglücklichen Sturz einen Oberschenkelhalsbruch. Trotz einer gelungenen Operation verschlechterte sich sein Zustand zusehends, sodass er am 13. Juni 1965 starb. In Anwesenheit des Ministerpräsidenten Levi Eschkol, der die Hauptrede bei der Trauerfeier hielt, wurde er auf dem Jerusalemer Friedhof Har Hamenuchot beerdigt. Buber hatte es immer abgelehnt, sich menschliche Vorstellungen über das Leben nach dem Tod zu machen. Er war voller Vertrauen im Blick darauf, was nach dem Tod kommen würde. So schrieb er in einem Artikel:

„Der echte Glaube spricht: Ich weiß nichts vom Tod, aber ich weiß, dass Gott die Ewigkeit ist, und ich weiß, dies noch, dass er mein Gott ist."

Quellennachweis

Die Zahlen in Klammern verweisen auf die Nummer der Zitate in diesem Buch.

Martin Buber, Aus einer philosophischen Rechenschaft, in: Werke I, 1962: 1114 (1).

Martin Buber, Begegnung. Autobiographische Fragmente, 4., durchgesehene Aufl., Heidelberg 1986:
31 (94); 56 (79); 60 (66); 70 (62); 74 (90; 91); 75 (92); 83 (12).

Martin Buber, Das dialogische Prinzip, 8., unveränderte Aufl., Gerlingen 1997
- Ich und Du
  8 (10); 12 (13); 12f (4); 13 (11); 15 (7; 100); 15f (5); 16f (95); 18 (42); 18f (40); 19 (6; 41; 43); 47 (45); 80 (52); 83 (72); 83f (73); 96 (50; 61); 100 (59); 103 (8; 9); 108f (57).
- Zwiesprache
  160 (63); 167 (2); 168 (3); 169 (15; 44); 185 (25f).
- Die Frage an den Einzelnen
  217 (53); 218 (48; 49); 221f (60); 227 (51); 238 (30); 239 (58); 242 (28; 29).
- Elemente des Zwischenmenschlichen
  279f (22); 280 (20; 21); 283 (14); 295 (47).

Martin Buber, Die Erzählungen der Chassidim, in: Werke III, 1963:
374 (88).

Martin Buber, Gog und Magog. Eine Chronik, 4. Aufl., Gerlingen 1993; zitiert nach: Werke III, 1963: 1096 (64).

Martin Buber, Gottesfinsternis. Mit einer Entgegnung „Religion und Psychologie" von C. G. Jung, 2. Auflage (Neuausgabe), Gerlingen 1994:
130 (80); 132 (65).

Martin Buber, Hinweise. Gesammelte Essays, Zürich 1953: 259 (55,56).

Martin Buber, Der Jude und sein Judentum. Gesammelte Aufsätze und Reden, Köln 1963 (2. Aufl., Gerlingen 1993): 236 (82); 361 (27); 738 (81).

Martin Buber, Nachlese, 3. Aufl., Gerlingen 1993:
83 (39); 84 (74; 78); 103 (34); 105 (54); 205 (35); 207f (33); 213 (93); 231 (98; 99); 236 (97).

Martin Buber, Pfade in Utopia. Über Gemeinschaft und deren Verwirklichung. Mit einem Nachwort herausgegeben von Abraham Schapira, 3. Aufl., Heidelberg 1985:
278 (46); 387 (37).

Martin Buber, Das Problem des Menschen, 5. Aufl., Heidelberg 1982:
115 (38).

Martin Buber, Reden über Erziehung, 8. Aufl., Gerlingen 1995:
40 (77); 56 (23); 57 (24); 67 (76); 68 (75); 71f (36); 81f (31).

Martin Buber, Die Revolution und wir, in: Der Jude 3 (1918/19):
346 (32).

Martin Buber, Der Weg des Menschen nach der chassidischen Lehre, 12. Aufl., Gerlingen 1996:
14 (83); 18f (68; 69); 22 (70); 26 (89); 36f (16); 37 (17; 18); 38f (19); 42f (84); 44 (85); 51 (96); 56 (67; 86); 56f (87); 57 (71).

Bernd Aretz
Martin Buber
Eine erste Begegnung
VERLAG NEUE STADT

Bernd Aretz
Bonhoeffer
Gefangen und frei
VERLAG NEUE STADT

Aus unserer Reihe »100 Worte«

Viktor E. Frankl
MENSCH SEIN HEISST SINN FINDEN

Eine qualifizierte Auswahl von Worten und Kurztexten von Viktor E. Frankl (1905–1997), einem Zeugen ungebrochener Menschlichkeit. Frankl war überzeugt, dass Leben unter allen Umständen gelingen kann. Der weltberühmte Psychiater und Neurologe hat als Begründer der Logotherapie vielen Menschen geholfen, durch Sinnerfüllung zu reifen und zu gesunden. Eingeführt und hg. von seiner Schülerin Prof. Dr. Elisabeth Lukas.

132 Seiten, gebunden
ISBN 978-3-7346-1340-1

Elisabeth Lukas
WAS WIRKLICH ZÄHLT - WORTE ALS WEGBEGLEITER

Worte können gute Wegbegleiter sein. Zumal solche, die uns mit dem Leben konfrontieren, so wie es ist. Und mit uns selbst: als Menschen mit einer Verantwortung, einzigartig, wertvoll. Mit einer Aufgabe – und einem je eigenen Potenzial. Elisabeth Lukas ermutigt auf unnachahmliche Weise, die Chance des Lebens zu ergreifen.

120 Seiten, gebunden
ISBN 978-3-7346-1228-2

www.neuestadt.com

www.neuestadt.com